Helmut G. Sieczka · Bodywork

Helmut G. Sieczka

BODYWORK

KÖRPER- UND ATEMÜBUNGEN

Felicitas Hübner Verlag

Eine persönliche Anmerkung

Der Autor hat als Anrede die persönliche Du-Form gewählt; es schien ihm inhaltlich eher angemessen. Die »Begegnung« mit der Information wird dadurch lebendiger, offener und direkter.

Der Verlag

Umschlagillustration: Peter Doldi, Hettenshausen
Umschlaggestaltung: Heinz von Arx, Zürich
Satz: Jung SatzCentrum, Lahnau
Druck und Bindung: Franz Spiegel Buch GmbH, Ulm
Printed in Germany

ISBN 3 88792 024 4

Es ist ein großer Unterschied,
ob Sie bloß die Welt in sich tragen
oder ob Sie es auch wissen!

Hermann Hesse
»Demian«

Wenn du das Geheimnis kennst,
wie man den Augenblick lebt,
kennst du das ganze
Geheimnis des Lebens.

INHALT

VORWORT

Das Leben ist wie ein Kreis: Es gibt weder Anfang noch Ende. Das ganze Universum pulsiert, schwingt und bewegt sich. Begeben wir uns in diesen natürlichen »Lebensfluß«, geschieht etwas Leichtes, Anmutiges und Schönes. Wir erleben uns in Harmonie und in unserer Mitte. Wir fühlen uns eins mit uns selbst und der Umwelt.

Grundlegende Dinge wie Sensibilität und Achtsamkeit, die heute vergessen sind, müssen wiederbelebt und in unseren Alltag zurückgebracht werden, um uns klarzumachen, daß der bewußt erlebte Augenblick wesentlicher ist als die unbewußten, nebensächlichen, flüchtigen Ereignisse.

Etwas vom Wesentlichen ist die Kenntnis über unseren Körper, unsere Empfindungen und unser eigenes Selbst. Ist das nicht das Wichtigste in unserem Leben?

Der Atem und der Körper zeigen uns den Weg zum Wesentlichen. Nehmen wir unseren Atem und den Körper (Haus der Seele) bewußter wahr, so fungieren sie als eine Art Reiseführer, die uns in Verbindung bringen mit der ewig gültigen Wahrheit, die jeder nur in sich selbst finden kann.

Seit vielen Jahren schenke ich meinem Atem, meinem Körper und meinen Gedanken ein beträchtliches Maß meiner Aufmerksamkeit.

Die Gesamtstruktur der sieben Bodywork-Übungsreihen hat sich aus einer Vielzahl von entspannenden und dynamischen Übungen herauskristallisiert. Diese in sich geschlossenen und aufbauenden Atem- und Körperübungen sind entstanden durch ein immer wieder erneutes Hinspüren, Verwerfen, neu Entstehenlassen und Kombinieren.

Es ist an der Zeit, den sich ständig verändernden Wachstumsprozeß dieser Übungen zu unterbrechen, damit dieses Büchlein gedruckt werden kann. Hinter diesen Übungen steht keine Ideologie oder Lehre. Bodywork ist vielmehr eine Aufforderung für ein größeres Atem- und Körperverständnis, daraus resultiert ein erweitertes Selbstbild und Selbstbewußtsein.

Fließende, harmonische und ruhige Bewegungsabläufe sind eine schöne innere Erfahrung; ebenso schön von außen anzusehen.

Mein besonderer Dank gilt Kosho Weinzierl, der sich mit viel Freude für diese Aufnahmen zur Verfügung gestellt hat.

BODYWORK

Bodywork bedeutet soviel wie: Arbeit am, mit dem Körper. Bodywork-Übungen zielen auf den ganzen Körper ab. Alle Muskeln werden trainiert, Bänder und Sehnen werden gedehnt, und die Gelenke bleiben beweglich.

Der Mensch ist ein Ganzes aus Körper, Seele und Geist. In diesen Übungen findest du ein rechtes Maß an An- und Entspannung. Ein tiefer und freifließender Atem wird wiederhergestellt.
Eine große Anzahl von Menschen, die Bodywork in einem meiner Seminare kennengelernt haben, machen diese Übungen regelmäßig und haben dabei die befreienden Wirkungen erfahren. Selbstverständlich lassen sich alle atem- und körperorientierten Methoden wie Rebirthing, Yoga und Bio-Energetik gut mit Bodywork kombinieren.

Das Ziel ist die Freude an der Bewegung selbst. Mehr Energie und Ausdauer, eine verbesserte Körperhaltung, weniger

Verspannungen, ein zunehmendes körperliches und emotionales Gleichgewicht, eine größere Beweglichkeit und Geschmeidigkeit und Klarheit des Geistes können mit diesen Übungen realisiert werden.
Ziel ist es, sich zu zentrieren und sich selbst immer öfter in seiner Mitte vorzufinden.
Bodywork kennt keine Altersbeschränkungen. Jeder, der sich gesund fühlt, kann von diesen einfachen und dennoch wirkungsvollen Übungen profitieren.
Diese Übungen können nicht falsch gemacht werden, denn es ist nicht das Ziel, in irgendeiner Form Leistung zu erbringen. Dieser Denkansatz mag für leistungsorientierte Menschen neu und ungewöhnlich sein. Hier gilt: *Leicht ist richtig und richtig ist immer leicht!*
Also, sollte eine Übung nicht auf Anhieb glücken – nimm's leicht! Die Beweglichkeit des Rückgrats ist von Mensch zu Mensch verschieden. Alles, was dir zu

mehr und zu einer natürlicheren Beweglichkeit fehlt, ist Übung.

Der Übungsraum sollte gut gelüftet sein und für dich eine gute Atmosphäre ausstrahlen. Als Unterlage hat sich ein Teppichboden oder eine Matte bewährt. Außerdem sollte der Raum groß genug sein, damit die Arme und die Beine seitwärts ausgestreckt werden können, ohne dabei von Möbeln und Gegenständen behindert zu sein. Hier gilt der Grundsatz: Je weniger Gegenstände sich im Raum befinden, desto besser.
Wenn du Schwierigkeiten hast, dich an den Fußboden zu gewöhnen, benutze eine Decke. Achte darauf, daß die Decke bei den dynamischen Übungen nicht wegrutscht.

Die Bekleidung ist bequem und leicht. Auch hier gilt: Je weniger Kleidung, desto besser. Dennoch sollte dir in den Ruhephasen nicht kalt werden.

Die beste Übungszeit. Nach dem Aufwachen sind die meisten Menschen besonders empfänglich, deshalb übe morgens nach dem Erwachen. Im Schlafzustand zieht sich der Geist von allen materiellen Beziehungen und Ebenen zurück. Hier erinnert er sich an einen freieren und natürlicheren »Urzustand« des Loslassens.

Gleich nach dem Erwachen stehen dir sehr häufig die tiefsten und wahrsten Gedanken zur Verfügung. Dein Geist ist in dieser Zeit besonders offen, ruhig und sensitiv. Nütze und verwerte diese »ewig jungen Augenblicke«, und gib deinem Leben deine »Richtung«. Jeder Morgen ist eine neue Chance. Du hast die Wahl, ihn einmalig, neu und frisch zu beginnen. Halte dir schon in den frühen Morgenstunden den Reichtum des Lebens vor Augen. Tue dies über deinem Körper und dem Atem, die eine großartige Brücke darstellen. Die bewußte Körperwahrnehmung ist eine *biologisch-stoffliche* Seelen- und Gotteserfahrung. Die

bewußte Atemwahrnehmung ist eine *biologisch-geistige* Seelen- und Gotteserfahrung. Dies meine ich nicht in einer religiösen Weise, sondern in ihrer essentiellsten Form.
Nach den Übungen wirst du dich frischer, klarer und zentrierter fühlen. Häufig ist da so ein Gefühl wie: »Ich bin bereit für diesen Tag«, »Ich bin ganz im Hier und Jetzt.«
Für den Anfang mag es dir leichterfallen, wenn du zu ganz bestimmten Zeiten übst. Sind dir die Übungen vertraut, so übe, wann immer es dir Spaß und Freude macht. Achte darauf, daß mindestens eine Stunde nach der letzten Mahlzeit vergangen ist. Mit vollem Magen übt sich nicht gut.

Die Atmung ist besonders wichtig. Der Atem hat einen großen Einfluß auf unsere geistige, körperliche und psychische Gesundheit. Der Atem ist wie ein Tor, das uns mit allem verbindet. Der Atem reinigt und heilt. Unser ganzes Leben ist eine unaufhörliche Kette von Atemzügen. Mit dem ersten Atemzug beginnt unser irdisches Leben, mit dem letzten verlischt es. Fließt unser Atem gleichmäßig und tief, werden wir mit so viel Energie versorgt, daß wir uns harmonisch, leistungsfähig und gesund fühlen. Ein gesunder Körper braucht gesunde Zellen und ein gutdurchblutetes Gewebe. Jede Zelle braucht ausreichend Sauerstoff, damit sie »arbeiten« und Gifte und Schlacken rasch abbauen kann. Tiefes und bewußtes Atmen führt während den Übungen den Zellen Sauerstoff zu. Der Atem ist unsere vitalste Energiequelle. Seit uralten Zeiten haben Weise und Mystiker immer wieder darauf hingewiesen, welche Kraft unser Atem darstellt.

Er ist nicht nur die Quelle unserer körperlichen Energie, sondern auch die Grundlage für die Freiheit und Harmonie unserer Seele.

Der Atem ist Leben und Bewegung. Ohne Bewegung ist Veränderung, Transformation und Entwicklung unmöglich.

Die Atmung wird in den einzelnen Übungen und in den Ruhephasen detailliert erklärt.

Der Körper bewegt sich so und in dem Maße, wie wir unsere *individuellen Bewegungsinformationen* gespeichert haben, d. h. alle meine Bewegungen sind automatisch. Ich brauche nicht darüber nachzudenken und bewußt meinem Körper die Befehle zu geben. Mein Gehirn ruft die gespeicherte Information ab, und der Körper führt unter Zuhilfenahme des Nervensystems diese Bewegung aus. Sind im Speicher abgehackte und eckige Bewegungsabläufe registriert, so werden dementsprechende Bewegungen ausgeführt. Runde, fließende und energiesparende Bewegungen sind nur möglich, wenn sie auch in unserem Speicher registriert wurden. Ist dies nicht der Fall, so verhelfen dir diese Übungen, deinen Speicher neu zu programmieren. Das Ergebnis wird eine spürbare Erleichterung im täglichen Leben sein.

Affirmationen sind schöpferische, lebensbejahende Aussagen. Du findest sie bei jeder Übungsreihe. Affirmationen sind gedankliche Impulse, die deinen Zellen, deinem Körper, deinem Geist und deinem Leben eine Richtung geben. Jeder Gedanke ist ein lebendiger und dynamischer Baustein. *Gedanken drängen in die Verwirklichung.* Affirmationen betonen die Eigenverantwortlichkeit und stärken das Selbstwertgefühl.

Der Zyklus ist ein Siebnerrhythmus. Die Sieben ist eine spirituelle Zahl. Im Licht finden wir sieben Farben, unser Körper hat sieben Energiezentren. Die Inder sprechen von sieben schöpferischen Prinzipien. Die Woche hat sieben Tage usw. Wem solche Gedanken noch etwas fremd sind, kann die Zahl 7 als einen schönen, runden Rhythmus ansehen.

Die Ruhephasen sind zur Entspannung und zum »Atemholen« gedacht. Körperliche und geistige Entspannung ist ein natürlicher Zustand. Ist unser Körper entspannt, ist es auch unser Geist. Atme während dieser Ruhephasen sehr bewußt, tief, gleichmäßig und ruhig. Bewußtes Atmen fördert eine tiefe Entspannung und schafft einen tiefen inneren Frieden. Entspannen meint loslassen, fließen lassen, nichts festhalten. Loslösen von allem Tun und Müssen. Loslösen von allen Identifikationen, Absichten und Vorstellungen. Beginne die nächsten Übungen erst dann, wenn sich dein Atem normalisiert hat.

Die Bewegungen sind fließend, ruhig und ohne Unterbrechung durchzuführen. Vermeide schnelle und hastige Bewegungen, damit die sich aufbauende Energie erhalten bleibt. Außerdem kannst du deinen Bewegungen besser und bewußter folgen. Genieße es, jede deiner Bewegungen, Dehnungen und dir unbekannte Körperpartien wahrzunehmen.

Finde deinen eigenen Rhythmus, und vermeide Überanstrengungen. Jeder reagiert auf diese Übungen anders – mit der Zeit wirst auch du dein eigenes Maß finden.

Der Übende kennt keine Hektik, es ist ein sanfter Weg zu mehr Körperbewußtsein und Ausgeglichenheit. Folge deinem Rhythmus, und höre auf deinen Puls-schlag. Schenke dir etwas Zeit, deinem Körper, deinem Atem und dir selbst zu begegnen. Nur wenn Zeit und Aufmerk-samkeit aufeinander treffen, findet eine wirkliche Begegnung statt.

Übe nie, wenn du mit *halbem Herzen* bei der Sache bist. Gönne dir für einige Tage eine Pause, bis der Wunsch nach diesen Übungen wieder stärker wird. Alle Übungen sind aufeinander abgestimmt und ergänzen sich gegenseitig, deshalb vermeide das Üben einzelner Körperpositionen. So wird verhindert, daß bestimmte Muskelpartien einseitig trainiert werden.

Noch ein Hinweis! Damit sich dir die Übungsreihen besonders leicht einprägen, lies die Beschreibung, und betrachte die Bilder aufmerksam, bevor du mit den Übungsreihen beginnst. Die »Bodywork-Karte« soll als Erinnerungsstütze dienen. Steck dieses Büchlein in deine Tasche, und beschäftige dich eingehend damit. Die Leichtigkeit und Schönheit dieser Übungen kommt erst richtig zum Tragen, wenn du über einzelne Bewegungsabläufe nicht mehr nachdenken mußt.

ÜBUNG 1

Übung **1** · Position **1**

Setze dich für die ersten Übungen in den Schneidersitz oder in den Fersensitz. Der Rücken und der Kopf sind dabei gerade. Die Schultern und der Nacken sind entspannt.
Blicke nach oben, während du einatmest, und richte deine Augen auf den Boden – ausatmen. 7 Atemzüge. Es bewegen sich nur die Augen.

AUGENÜBUNG

Übung **1** · Position **2**

Diese Augenübung löst häufig innere Fixierungen und schafft einen größeren »Raum«.
Lenke deine ganze Aufmerksamkeit auf die Bewegung der Augen. Der Atem fließt ruhig und gleichmäßig.

AUGENÜBUNG

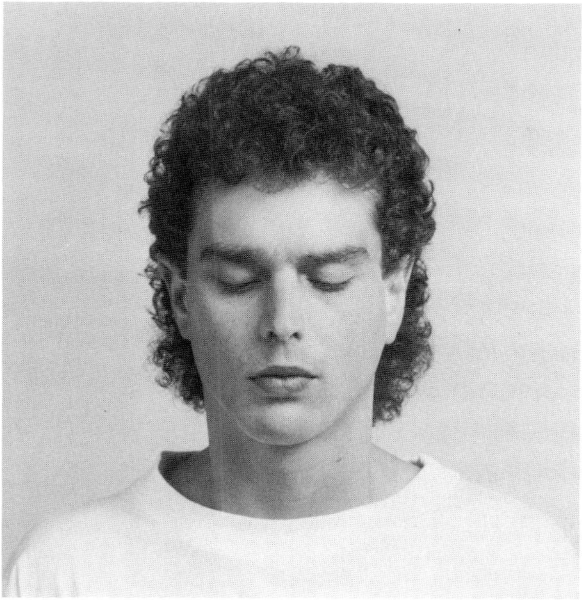

Übung **1** · Position **3**

Beim Einatmen blicke nach links, beim Ausatmen nach rechts – 7 Atemzüge – kleine Pause.
Auftauchende Gefühle in der Bauch- und Solarplexusgegend sind normal – ruhiges Ein- und Ausatmen hilft, unangenehme Gefühle zu neutralisieren.
Die Augen rollen im Uhrzeigersinn. Ein Atemzug ist eine Drehung von 360 Grad – 7 Atemzüge.

AUGENÜBUNG

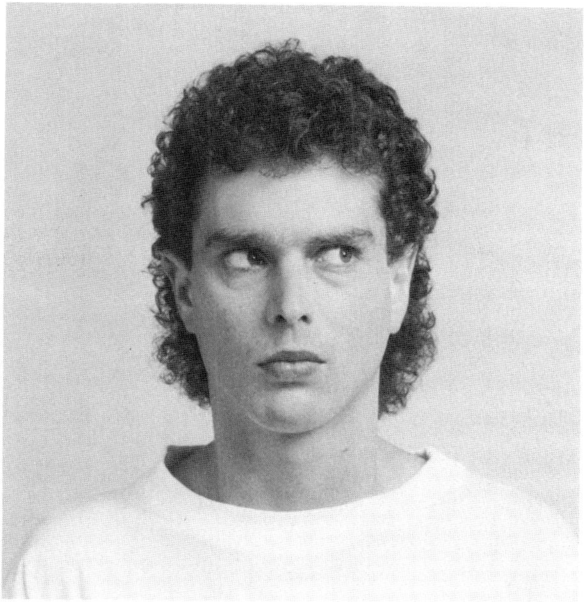

Übung **1** · Position **4**

Am Ende dieser Übung reibe deine Hände (Handballen) gegeneinander, und lege sie zur Entspannung auf die Augen. Stell dir dabei einen kleinen schwarzen Punkt auf weißem Hintergrund vor.
Kleine Pause – nachspüren.
Affirmation: Ich bin offen für alle Empfindungen.

RUHEPHASE

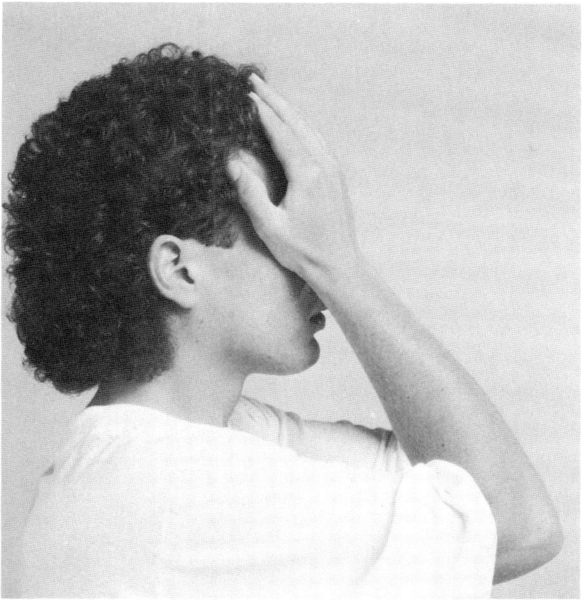

ÜBUNG 2

Übung **2** · Position **1**

Du sitzt im Schneidersitz. Atme 7mal tief und ruhig durch die Nase ein und aus. Spüre deine Wirbelsäule (Lebenssäule), und laß deinen Oberkörper leicht kreisen, jedoch nur so viel, daß dir deine Wirbelsäule noch bewußter wird.
7 Drehungen nach links und 7 Drehungen nach rechts. Kleine Pause – nachspüren.

SCHNEIDERSITZ

Übung **2** · Position **2**

Steh langsam auf, und fixiere einen Punkt im Raum. Die Augen bewegen sich in der Drehphase nicht und sind offen. Dreh dich langsam und fließend im Uhrzeigersinn. Beende die Drehungen nach 7, 14 oder 21 Drehungen. Eine volle Drehung entspricht einem Atemzug.
Affirmation: Ich bin in meiner Mitte.

ZENTRIEREN / DREHPHASE

Übung **2** · Position **3**

Beende die Drehphase. Der Kopf und der Rücken sind gerade. Die Schultern und Arme sind entspannt. Die Augen sind geschlossen. Atme 7mal durch die Nase ein und durch den Mund aus. Die Füße sind fest mit der Erde verbunden.
Affirmation: Meine Beine tragen mich in jeder Situation.

RICHTIGES STEHEN

Übung **2** · Position **4**

Lege dich auf den Rücken. Die Handflächen zeigen zur Decke, die Beine sind leicht gespreizt.
In dieser Phase laß deinen Atem wieder ganz ruhig werden.
Affirmation: Ich fühle mich verbunden mit der Erde. Ich werde getragen. Ich lasse mich fallen.

RUHESTELLUNG

ÜBUNG 3

Übung **3** · Position **1**

Du liegst auf dem Rücken. Entspanne jeden Muskel, soweit es dir willentlich möglich ist. Zur Aktivierung atme 7mal ein und aus.

RUHESTELLUNG

Übung **3** · Position **2**

Dreh deine Handflächen nach unten, und stütze dich für die nächste dynamische Übung damit ab. Atme tief ein, und bewege dich beim Ausatmen in die Position 3.
Ruhige und fließende Bewegungen.

RÜCKENDEHNUNG

Übung **3** · Position **3**

Diese Übung bewirkt eine starke Rücken- und Nackendehnung, dabei werden die Bauch- und Brustmuskeln trainiert.
Hebe den Kopf und die Beine gleichzeitig an. Die Beine sind gestreckt. Die Schultern bleiben auf dem Boden. Atme durch den Mund aus.
Beim Einatmen (durch die Nase) bringe den Kopf und die Beine wieder in die Position 2 zurück. Beende diese Übung nach 7-, 14- oder 21mal.

RÜCKENDEHNUNG

Übung **3** · Position **4**

Die Beine schulterbreit hochstellen, die Knie berühren sich dabei und bilden eine Pyramide. In dieser Position werden die Bauchmuskeln völlig entspannt. Die Arme liegen über dem Gesicht.
Atme 7mal bewußt, ruhig und gleichmäßig in den Bauch, und beobachte, wie sich die Bauchdecke hebt und senkt.
Alternativ dazu kannst du deine Hände auch auf deinen Bauch legen. Warte, bis sich der Atem normalisiert hat.
Affirmation: Ich atme ruhig und entspannt.

RUHESTELLUNG

ÜBUNG 4

Übung **4** · Position **1**

Du sitzt im Fersensitz. Halte den Kopf und den Rücken gerade. Die Schultern und die Arme sind entspannt. Die Hände liegen auf den Oberschenkeln.
Verweile 7 Atemzüge in dieser Position.

FERSENSITZ

Übung **4** · Position **2**

Gehe aus dem Fersensitz in die Kniestellung. Ausatmend wandern die Hände zu den Oberschenkeln, das Kinn senkt sich auf die Brust.
Bewege dich beim Einatmen langsam und bewußt in die Position 3.

BECKENDEHNUNG

Übung **4** · Position **3**

In der Dehnphase gleiten deine Hände über deine Hüften zu den Gesäßmuskeln und stützen dabei den Rücken ab.
Atme während dieser Phase durch den Mund ein. Beuge dabei den Oberkörper (soweit als möglich!) nach hinten. Bitte keine Rekordversuche! Diese Übungen sollen sich in jeder Phase gut für dich anfühlen.
Wiederhole diese Übung 7- 14- oder 21mal.

BECKENDEHNUNG

Übung **4** · Position **4**

Die Stirn berührt den Boden. Atme 7mal bewußt in den Rücken, und entspanne dabei den gedehnten Bereich. Laß den Atem zur Ruhe kommen.
Affirmation: Mein Rücken ist entspannt. Ich fühle mich sicher und geborgen.

KINDESHALTUNG

ÜBUNG 5

Übung **5** · Position **1**

Verweile 7 Atemzüge im Schneidersitz.
Der Atem sollte sich in dieser Phase ganz beruhigt und normalisiert haben.
Strecke deine Beine aus, und gehe in Position 2 über.

SCHNEIDERSITZ

Übung **5** · Position **2**

Stell deine Beine senkrecht auf, und laß sie nach vorne ausgleiten. Bringe deine Hände neben dem Gesäß auf den Boden. Die Finger zeigen in Richtung der Füße. Tief einatmend bewegst du jetzt dein Becken in die Brücke.

BRÜCKE

Übung **5** · Position **3**

Das Rückgrat und der Kopf sind gerade. Ausatmend (durch den Mund) gehst du zurück in die Sitzposition.
Führe die Bewegung (Position 2 + 3) fließend und ohne Unterbrechung aus.
Wiederhole diese Übung 7-, 14- oder 21mal.

BRÜCKE

Übung **5** · Position **4**

Ziehe deine Beine am Ende dieser Übung an den Körper heran. Die Arme umfassen die Beine. Die Stirn ruht auf den Knien – wenn möglich. Atme 7mal in die Flanken und in das Becken. Verweile so lange in dieser Position, bis sich der Atem normalisiert hat.
Affirmation: Ich vertraue mir. Ich fühle mich gut in meinem Körper.

RUHESTELLUNG

ÜBUNG 6

Übung **6** · Position **1**

Du liegst auf dem Bauch. Die Hände zeigen nach oben. Die Beine sind leicht gespreizt.
Wenn du einatmest, beobachte, wo der Atem hinfließt.
Atme 7mal, dabei sind die Augen geschlossen.

RUHESTELLUNG

Übung **6** · Position **2**

Bringe deine Hände in Schulterhöhe, und strecke dabei die Arme durch, so daß sich der Körper aufrichtet. Dehne einatmend den unteren Rücken, und beuge den Kopf zurück. Öffne den Brustbereich. Während dieser Phase berührt das Becken nicht mehr den Boden.

KOBRA

Übung **6** · Position **3**

Senke den Kopf, und hebe das Becken an. Richte deinen Blick zur Taille. Während dieser Phase atmest du langsam aus. Die Fersen (wenn möglich!) am Boden halten. Auch diese Übung wiederholst du 7-, 14- oder 21mal. Unterbrich die dynamische Phase nicht – fließende Bewegungen.

UMGEKEHRTES V

Übung **6** · Position **4**

Nach Beendigung dieser Übung legst du dich auf den Bauch. Deine Hände bilden ein Kissen für die Stirn. Atme 7mal in den gedehnten Bereich. Beobachte aufmerksam, wie der Atem und die Energie fließt. Verweile in dieser Position, bis der Atem sich beruhigt hat.
Affirmation: Ich bin verbunden mit mir und allen Menschen.

RUHESTELLUNG

ÜBUNG 7

Übung **7** · Position **1**

Gleite aus der vorangegangenen Ruhestellung in die Kindeshaltung. Die Stirn berührt den Boden – wenn möglich. Die Hände liegen entspannt neben den Beinen. Atme 7mal ein und aus, und beobachte, wo der Atem hinfließt.

KINDESHALTUNG

Übung **7** · Position **2**

Richte dich langsam auf, und verweile 7 Atemzüge in dieser Fötusstellung. Die Fußsohlen sind fest im Kontakt mit dem Boden. Die Arme und der Körper liegen zwischen den Beinen – wenn möglich. Der Kopf hängt entspannt nach unten. Laß den Atem in die Flanken und in das Becken fließen.

FÖTUS-STELLUNG

Übung **7** · Position **3**

Bringe deine Arme langsam über den Kopf. Atme 2mal ein und aus. Laß dich von einer imaginären Kraft mit deinen Armen nach oben ziehen. Indem du jetzt deine Beine durchdrückst, fällt dein Oberkörper automatisch nach vorne.

AUFSTEHEN

Übung **7** · Position **4**

Die Knie durchdrücken, der Kopf und die Arme hängen entspannt nach unten. Atme 7mal in die Beine, und richte dich anschließend langsam einatmend auf.

UMKEHRSTELLUNG

Übung **7** · Position **5**

Verweile einige Sekunden und Atemzüge in dieser Position. Einatmend die Arme zur Decke strecken, dehne dich nach hinten, und öffne die Brust und lade dich mit Energie auf.
Die Taille dehnen und tief einatmen.
7 Atemzüge.

AUFLADEN

Übung **7** · Position **6**

Beende diese Übung aufrecht stehend.
Schließ deine Augen, und spüre nach, was die Übungen und dein Atem bewirkt haben.
Ruhig beobachten …
Empfindungen zulassen … loslassen …
kommenlassen und gehenlassen …
Geschehen lassen – was von selbst geschieht …
Genieße den Augenblick…

RICHTIGES STEHEN

Abschließende Affirmationen

Mein Atem fließt frei, leicht und harmonisch.

Ich genieße diesen Augenblick.

Optimistisch und zuversichtlich beginne ich diesen Tag.

Wenn ich jetzt die Augen öffne, ist in mir ein herrliches Gefühl der Ruhe und Gelassenheit.

Ich erwarte das Beste für mich. Das Beste erreicht mich.

Ich bin der Meister meines Lebens.

Ich befinde mich in Frieden mit mir selbst und akzeptiere mich so, wie ich bin.

NACHWORT

Mit Freude beginnen

Wer diese 7 Bodywork-Übungsreihen in sein tägliches Leben integriert, hat einen kleinen, aber nicht unbedeutenden Schritt zu sich selbst getan.

Diese Übungsreihen erheben keinen Anspruch auf Vollständigkeit. Im Gegenteil, sie geben vorwiegend persönliche Erfahrungen mit meinem Körper wieder. Ein Entwicklungs- und Lernprozeß, mit dem ich mich schon seit vielen Jahren beschäftige, der jedoch mit Sicherheit niemals abgeschlossen sein wird.

Auch für dich werden sich im Laufe dieser Übungen neue »Wege« herausbilden, und deine Übungsreihen werden ein wenig von den in diesem Buch beschriebenen differieren, abweichen.

Dieses Buch und diese Übungen dienen lediglich als Wegweiser, als Impuls, damit jeder seine persönlichen, individuellen Körper- und Atemübungen findet. Verstehe sie als Anregung, als Motivation – als Einladung.

Ich möchte viel Freude und schöne körperliche Empfindungen und Erfahrungen weitervermitteln. Bodywork hat mein Leben bereichert und mir zu einer neuen inneren Freiheit verholfen.

Der Atem lehrt uns, im Augenblick zu leben. Er eröffnet uns eine reiche Welt der Empfindungen, die wir in unserem Körper und jenseits davon – in unserem Selbst – finden können.

Über den Autor

Helmut G. Sieczka, geboren 1955, befaßt sich seit seinem 16. Lebensjahr mit Philosophie und Psychologie. Nach dem Studium folgten Ausbildungen in Atem- und Körpertherapien.
Seit 1981 ist er als Atemlehrer und Rebirthing-Trainer im Bereich der ganzheitlichen und spirituellen Therapie in diversen Therapiezentren Deutschlands tätig. Er ist Dozent an Volkshochschulen und betreibt eine eigene Praxis.

Helmut G. Sieczka ist Mitbegründer der Deutschen Gesellschaft für Rebirthing (DGR) e. V. und »Registered Rebirthing-Trainer« der Conscious Breathers Associations, USA.

»Die Begegnungen mit wissenden Menschen haben meine Wahrnehmungsfähigkeit, mein Vertrauen und meine Liebe für das Dasein verändert.

Sie halfen mir, meinen persönlichen spirituellen Horizont zu erweitern, und ließen mich tiefere universelle Daseinszusammenhänge erkennen. Die Natur lehrte mich die Ehrfurcht und den Respekt vor dem Leben. Der Atem, Freund und Reiseführer, führt mich immer wieder in die unendliche Weite des Kosmos. Die Lebensgesetze zeigen mir täglich, daß mein Schicksal und menschliches Werden in mir selbst liegen.«